AF339817

QUESTIONS

SUR LES

CONSÉQUENCES PRÉSUMÉES

DE LA

GUERRE D'ORIENT

AU DÉPART DES TROUPES FRANÇAISES

Pour la Guerre de Crimée en 1854

PAR

PAUL VÉRET, de Roye (Somme).

« Le Despotisme est la raison d'être des Rois.
« La Liberté est l'avenir des Peuples.
« L'alliance des Souverains, consolide le Despotisme
« L'alliance des Peuples, enfante la Liberté.

DÉPOT

CHEZ LES PRINCIPAUX LIBRAIRES.

1878

QUESTIONS

SUR LES CONSÉQUENCES PRÉSUMÉES

DE LA

GUERRE D'ORIENT

Au départ des Troupes Françaises pour la
Guerre de Crimée en 1854.

————⌘————

La première nation de l'Europe, qui secoua le joug du Despotisme, fut la France, qui fit de sa révolution de 1789 la ligne de démarcation de la Liberté contre le Despotisme, ce qui lui a valu la sympathie des peuples et, par contre, l'exécration des rois.

Des ennemis de la liberté et du bonheur des peuples défigurèrent ces grands principes de 1789, en les transformant en un pouvoir absolu sous Napoléon Ier, et ensuite en une Charte constitutionnelle, qui plaça alors la France entre le Despotisme et la Liberté.

Aujourd'hui, de l'aveu des hommes les plus éclairés, cette position mixte ne peut plus se prolonger davantage ; il faut bientôt que la France arbore l'un ou l'autre de ces deux drapeaux, il faut qu'elle proclame hautement la Liberté ou le Despotisme.

Voyons, à cet effet, dans laquelle des deux voies va nous entraîner la question et la guerre d'Orient ?

Si nous admettons en principes que l'union du peuple français avec les autres peuples enfanterait la liberté universelle, et que l'alliance du Souverain de la France avec les autres Souverains doit faire, au contraire, triompher le Despotisme, nous en déduisons cette conséquence.

Pour que notre assertion soit déclarée et reconnue fausse, il faut que l'alliance *Anglo-Française, Turque* et *Autrichienne* donne pour résultat la proclamation de la Liberté dans tous ces Etats ; car, de tous les temps, les plus rapides et les meilleures conversions se sont toujours faites par l'exemple. Mais si, au lieu de la Liberté, tous ces Etats ajoutent une maille de plus à la chaîne du Despotisme, c'est à coup sûr faire triompher notre assertion ; c'est entrer dans une politique contraire aux intérêts des peuples ; c'est ressembler au serpent qui fait mille plis et replis tortueux pour mieux saisir sa proie ; c'est, en un mot, se servir du drapeau de la Liberté pour consolider celui du Despotisme.

Pour que la guerre d'Orient ait été entamée, et pour que toutes les puissances européennes se soient empressées d'organiser des armées des plus nombreuses qui, assurément, nécessitent des dépenses considérables et ruineuses, il faut évidemment que le but que chacune d'elles veut atteindre soit en rapport de tant de sacrifices ; car il y aurait démence et folie s'il en était autrement.

Est-ce pour la Liberté ; est-ce pour le Despotisme ; est-ce pour la Religion que les armées vont s'entretuer en Crimée?

Nous avons dit plus haut que l'alliance des peuples peut seule enfanter la Liberté universelle : en conséquence, l'alliance des rois et des empereurs ne peut avoir pour but de détruire le Despotisme, puisqu'avec sa chûte ils croûleraient eux-mêmes.

A ce point de vue, ne doit-on pas craindre que, dans la question et la guerre d'Orient, le drapeau de la Liberté de la France ne s'assimile et ne prenne bientôt la forme du drapeau du Despotisme.

Si la Liberté des peuples n'est point le but de la guerre d'Orient, le Despotisme ne l'est pas davantage, puisqu'il existe partout, à la grande satisfaction des Souverains, et que ce serait une dérision de livrer des batailles, pour obtenir ce qui existe ; ce sera encore bien moins le motif de religion qui aura amené ce conflit en Orient, car, dans ce cas, quelle solution raisonnable peut résulter pour une semblable question d'une alliance de trois puissances ayant chacune une croyance différente ; puisque l'une est catholique, l'autre protestante et la troisième mahométane, à moins pourtant qu'on soit d'accord, dans l'intérêt de l'humanité et de la civilisation, de faire une Macédoine de toutes ces religions et de n'en faire qu'une seule universelle. Nous serions assez partisans de cette entente qui, comme conséquence, provoquerait forcément la fusion de tous les gouvernements en un seul, ce qui mettrait fin à toutes ces rivalités de nationalités et de commerce qui engendrent sans cesse les discordes, les guerres et les révolutions.

La Liberté, le Despotisme, la Religion n'étant pas le motif de la guerre d'Orient, on en trouvera la véritable cause dans la question d'intérêt, qui est pour les uns la convoitise dissimulée du grand commerce des Indes, et pour les autres la conservation indéfinie du monopole qu'ils exercent sur ce même commerce.

Il est donc bon de laisser de côté ces grands mots de Liberté, de Civilisation et d'Humanité, le plus souvent mis en avant par ceux qui en veulent le moins et qui ne s'en

servent que comme encens, pour fanatiser et endormir les
peuples qu'ils ont toujours soin d'aigrir et de diviser au
besoin, en leur jetant à la face les mots d'esclavage, de bar-
barie et de cruauté, le tout tellement bien travesti que tous
les peuples réciproquement ne marchent au combat que
pour détruire des barbares ! (Au fait ils ont tous raison ;
car il ne peut y avoir que des barbares sur les champs de
batailles).

Le commerce des Indes étant, suivant nous, le but de la
guerre d'Orient, une description rapide de toute l'importance de ce commerce nous paraît opportune ; aussi expo-
sons-nous sous les yeux de nos lecteurs, que l'Angleterre,
quoique la plus éloignée, est cependant la nation qui fait
avec ce pays, le plus grand commerce. Que les produits des
Indes sont soumis à une traversée de plusieurs milliers de
lieues, pour arriver, par l'Océan Atlantique, dans les ports
du Continent européen.

Que ce trajet de plusieurs milliers de lieues serait au
contraire réduit à des centaines par le percement d'un canal
à l'isthme de Suez, en Egypte, qui mettrait en communication directe la mer Rouge avec la mer Méditerranée, dont
les ports s'ouvriraient naturellement à ce grand commerce
des Indes, lequel échapperait ainsi pour une très-large part
aux Anglais.

Ce simple exposé fait déjà entrevoir toute l'importance de
la question, en raison des intérêts qui y sont engagés
et de la révolution commerciale qu'opérerait, dans le monde,
cette transformation du commerce des Indes.

Nous allons, en conséquence, en faisant l'histoire rapide
de chaque nation, démontrer les intérêts et les positions
nouvelles que ce percement du canal à l'isthme de Suez,

ouvrirait à chacune d'elles, eu égard à leur position géographique, à leur commerce et à leur population.

LA RUSSIE.

L'Empire russe compte au moins soixante millions d'habitants, et l'étendue de son territoire est aussi vaste à lui seul que le reste de l'Europe. L'empereur est le chef spirituel et temporel de tous ses Etats, dont les habitants sont encore dans une telle ignorance, qu'ils le regardent comme l'envoyé et le représentant de Dieu sur la terre ! Faut-il s'étonner alors du rôle important qu'il peut jouer, au milieu d'un peuple aussi fanatisé ! L'obéissance passive, œuvre de l'ignorance et de la superstition, fait la grande force de cet empire immense, qui tend encore à s'accroître de jour en jour.

Foulant aux pieds le droit, la justice et l'humanité, la Russie s'est emparée, par la force brutale, d'une partie de la Suède, de la Pologne et de toute la Crimée !

A l'heure qu'il est, son esprit de conquête et d'agrandissement se réveillant encore, elle convoite Constantinople et, par conséquent, l'Empire turc qui, lui ouvrant les portes de l'Arabie, la mettrait à même de réaliser le grand projet de Napoléon Ier (du percement d'un canal à l'isthme de Suez, afin de joindre les deux mers) ; ce canal, comme nous l'avons déjà dit, réduisant dans de grandes proportions les distances maritimes, appellerait à lui tout le commerce des Indes, dont les produits, exploités par les Anglais, ont aujourd'hui à franchir des distances considérables, forcés que sont les navires de faire le tour de toute l'Afrique, d'entrer ensuite dans l'Océan atlantique, pour venir débarquer sur les côtes du continent Européen.

Le cas échéant, cette nouvelle voie de communication, qui évidemment ferait la fortune et la prospérité de la Russie, frapperait de mort l'Angleterre qui, par l'anéantissement de son commerce des Indes, verrait aussitôt tomber le plus beau fleuron de sa puissance maritime et commerciale.

Ainsi le but que veut atteindre l'empereur de Russie, par sa prétendue guerre des lieux-saints, a une portée immense ; puisque par la conquête de la Turquie et le percement du canal à l'isthme de Suez, qui joindrait les deux mers, il détournerait la route et le commerce des Indes et ferait de son empire, qui est le plus vaste et le plus peuplé, la plus grande puissance maritime et commerciale du monde.

En fait, si ce vaste projet est pour l'empereur de Russie une question d'ambition, il n'en est pas moins vrai que, par sa réalisation, le peuple russe, par le contact que nécessite forcément un grand mouvement commercial, ne pourrait que gagner en civilisation et en prospérité, puisqu'il serait mis en communication directe avec la partie de l'Asie la plus riche et la plus commerçante.

A ce point de vue, le peuple russe, en faisant des vœux ardents pour la réalisation des projets de son empereur, ne serait pas aussi ignorant, aussi fanatique, ni aussi barbare qu'on se plaît à le faire croire aux autres peuples.

LA FRANCE.

Pays d'intelligence et de travail au suprême degré, la France marche à la tête de la civilisation. Les gloires acquises sur les champs de batailles par ses valeureux enfants, la surnommèrent la première nation du monde, et Bonaparte alors général de la République, ayant en vue la prospérité de la France, par l'accroissement de sa puissance maritime et commerciale, convoitait en dépit des Anglais, le grand commerce des Indes, et c'est dans ce but que lui et Kléber conduisirent nos armées en Égypte ; car l'idée première de percer un canal à l'isthme de Suez appartient à Bonaparte, qui voulait faire de Marseille l'entrepôt du continent Européen. L'empereur Nicolas n'en serait aujourd'hui que l'imitateur.

Comme la Russie, la France a le plus grand intérêt au percement de ce canal ; puisque ses ports de la Méditerranée recevraient les produits des Indes, qu'ils ne reçoivent pas et qu'ils ne recevront jamais directement sans cela. L'Espagne, la Sicile, l'Italie, l'Allemagne et la Turquie ont les mêmes intérêts que la France et la Russie, puisqu'ils ont aussi des ports abouchant à la mer Méditerranée. En conséquence, le percement d'un canal à l'isthme de Suez, en Égypte, reliant les deux mers et servant de trait-d'union civilisateur à l'Europe et à l'Asie, serait évidemment dans l'intérêt du progrès, de la civilisation et de l'humanité.

L'ANGLETERRE.

C'est dans l'Inde que résident les principaux éléments de richesses et de prospérité de l'Angleterre, et, en ouvrant la carte du globe, on est étonné de voir la distance qui sépare ces deux pays, dont les rapports commerciaux sont si considérables.

Ainsi que nous l'avons surabondamment démontré dans notre brochure (*la France régénérée par la transformation des impôts*), l'origine de la prospérité de l'Angleterre date de l'organisation de son commerce d'échanges, qu'elle eut l'habileté, plus tard, d'activer et de consolider par une immense création de bank-notes (papier-monnaie sans autre garantie que la confiance publique) qui l'a mise à même d'offrir à tous les producteurs du globe, de l'argent d'avance sur connaissements et dépôts de marchandises, lesquels producteurs toujours à-court d'argent et de moyens d'action, s'empressèrent d'accepter ces offres.

Exemple : la France qui lui envoie toujours ses céréales à vils prix, dans les années d'abondantes récoltes, pour ensuite les racheter à des prix excessifs dans les années disetteuses !

Les bank-notes sont donc les principaux éléments qui ont servi à centraliser à Londres tout le commerce du monde !

L'Angleterre, avec son génie commercial, a su se mettre à la hauteur des grandes choses et des projets gigantesques, a su faire jouer à son grand profit tous les ressorts secrets de son vaste système financier de papiers-monnaies, a su faire prendre ces papiers en paiement de marchandises, par toutes les nations et particulièrement la France, dans le moment même où cette nation, par le fait de l'ignorance et de la superstition de ses habitants, refusait en paiement les assignats de 1793 ; bien que contrairement aux *bank-notes* qui ne reposaient sur rien, les assignats reposaient, comme garantie, sur les biens des émigrès *et* du clergé, et dont la dépréciation n'a été provoquée que par l'hésitation irréfléchie mise par la population timorée à acheter ces biens, quoique le prix de la vente devait servir de dépôt de garantie des assignats.

Tous ces biens, sous cette panique générale, ont été cédés aux plus clairvoyants et aux moins craintifs, à 50, 60 et même 80 pour 100 au dessous de leur valeur réelle.

La conséquence de ce fatal égarement a été la dépréciation immédiate des assignats pour faire la fortune des acquéreurs; puisque les biens nationaux achetés pour ainsi dire pour rien, jouissent aujourd'hui de la même valeur que les biens patrimoniaux.

La création des assignats, sur la garantie des biens nationaux, n'ayant été que la conséquence forcée du défaut de numéraire, le remboursement en était alors impossible. C'est pourquoi le gouvernement de cette époque, au lieu d'opérer la vente des biens à vils prix et de ruiner ainsi les possesseurs d'assignats, aurait dû conserver tous ces biens ou les donner en remboursement aux porteurs d'assignats, pour la valeur qui avait servi de base à la création ; de cette manière, tous les intérêts légitimes auraient été sauvegardés, et combien de ruines auraient été évitées. Il est vrai que les plus habiles en ont seuls profité et qu'ils ont acquis ainsi des fortunes considérables !!!

Toutes les nations de l'Europe, privées par leur faute de moyens d'action proportionnés à leurs besoins, sont restées de beaucoup en arrière, aussi bien pour la civilisation que pour l'agriculture, l'industrie et le commerce, et ont laissé l'Angeterre jeter le grappin sur toutes les affaires du globe !

Ceci est triste à dire et à avouer par les nations de l'Europe ; mais pourtant il faut bien en convenir, puique c'est de l'histoire !

L'Angleterre, au détriment de toutes les nations, est donc

arrivée à ce haut degré de puissance maritime et commerciale qui fait sa grande prospérité, et ce sont les Indes qui lui apportent le plus fort contingent dans ces caisses ; aussi, toucher au commerce des Indes, c'est éveiller la susceptibilité britannique, c'est frapper l'Angleterre au cœur ; c'est, en un mot, entrer avec elle dans une guerre, devant laquelle tous les efforts et tous les sacrifices d'hommes et d'argent, seront faits par elle, attaquée qu'elle serait, au plus beau et au plus fort de sa puissance commerciale et maritime.

L'Angleterre ne peut admettre et n'admettra jamais de concurrence pour son commerce des Indes ; à moins d'y être contrainte par la force.

Si nous nous résumons, nous voyons d'un côté le commerce des Indes, exploité exclusivement par les anglais, et de l'autre, ce même commerce convoité par la France, sous Napoléon Iᵉʳ, et aujourd'hui par l'empereur Nicolas. Nous voyons également que le percement de ce Canal à l'isthme de Suez reliant les deux mers, mettrait tous les ports de France, d'Espagne, de Sicile, d'Italie, d'Allemagne, de Turquie et de Russie, aboutissant par la mer Noire et la mer Adriatique à la mer Méditerranée en contact et en communication directe avec ce grand commerce des Indes, qui, nous le répétons, ne fait jusqu'alors que la fortune exclusive de l'Angleterre !

Il nous semble entendre nos lecteurs se dire : puisque ce Canal est si favorable à tous les peuples, pourquoi n'est-il pas encore percé ?

Nous répondrons à cette objection que malheureusement sous les règnes despotiques et monarchiques, l'intérêt général est toujours sacrifié à l'intérêt particulier ; que chaque nation cherche à exploiter et à vivre au détriment des autres nations ; que la domination par la force brutale établit à sa guise les droits de douanes, les priviléges, les monopoles, etc., etc.

Qu'au sujet de ce Canal à l'isthme de Suez, l'Angleterre a corrompu et déchainé toute l'Europe contre la France, sous Napoléon Ier, qui en voulait la réalisation, qu'aujourd'hui encore, l'Angleterre entraîne la France et les autres puissances dans la guerre d'Orient, pour s'opposer à l'empereur Nicolas, qui, lui aussi, a ce projet.

Du reste, chaque fois qu'une nation, n'importe laquelle, voudra toucher au commerce des Indes, cette nation devra s'attendre à avoir non-seulement l'Angleterre contre elle, mais encore les autres nations, que l'influence et l'or de la perfide Albion auront pu corrompre.

Cet ajournement indéfini du percement de ce Canal à l'isthme de Suez, qui évidemment serait dans l'intérêt de tous les peuples, n'est-il pas la preuve la plus frappante que l'alliance des souverains, au lieu d'être en faveur a toujours été, au contraire, contre les intértès des peuples ; il n'y a que l'union des peuples qui peut faire marcher la civilisation à pas de géant, enfanter des merveilles et procurer la liberté et le bien-être au genre humain.

En face d'une position aussi opposée aux intérêts généraux de tous les peuples, l'Angleterre est persuadée que tôt ou tard, et par la force des choses, sa position exceptionnelle de prospérité doit tomber, et qu'aussi un jour, qui peut-être n'est pas éloigné, son grand commerce des Indes doit être anéanti par le fait seul de la jonction de la mer Rouge à la mer Méditerranée, qui alors changerait complétement la marche et la route du commerce des Indes.

Devant une perturbation pareille à celle qui, le cas échéant, frapperait tout son peuple, l'Angleterre a évidemment le plus grand intérêt à prolonger le plus longtemps possible sa position exceptionnelle de prospérité ; aussi, peut-on compter qu'elle fera, dans ce but, tous les sacrifices d'hommes et d'argent ; et que, dans un moment suprême, elle n'hésiterait même pas à tenir une conduite plus qu'équivoque, afin de chercher à conserver sa domination maritime et commerciale, qui est sa seule force et sa seule puissance ; qu'il nous soit alors permis d'exprimer nos craintes à son égard, dans la question de la guerre d'Orient.

Si les choses un jour ou l'autre, en rentrant dans leur état normal, doivent ébranler la position maritime et commerciale de l'Angleterre, n'y a-t-il pas vingt raisons contre une, de craindre que cette nation, prête à périr, cherchera sa planche de salut dans n'importe quelle combinaison. Est-ce qu'une combinaison ayant pour but final, par exemple, la destruction des flottes des nations européennes, ses rivales, qui, le cas échéant, retarderait pour quelques siècles encore ce qu'assurément la paix et l'alliance des peuples réaliserait en quelques années, ne sourirait pas au gouvernement anglais et à tout son peuple ? Est-ce que la destruction de la flotte Turque, et la chute combinée de la flotte Russe, ne donnerait pas l'idée à l'Angleterre de convoiter un peu plus tard la destruction de la flotte Française, puisqu'elle resterait pour bien longtemps encore, maîtresse des Mers et du Commerce du monde.

En consultant l'histoire, on y puise de bonnes et sévères leçons, qu'on devrait mettre à profit pour l'avenir, et c'est en raison de son passé qu'on est en droit de se tenir en garde contre l'Angleterre, surtout quand il s'agit de questions qui sont pour elle d'être, ou de ne pas être. Il est donc permis de craindre que le rôle de l'Angleterre, dans la question et la guerre d'Orient, soit de faire concourir la France et les autres puissances à l'anéantissement de la flotte russe, — d'empêcher l'empereur Nicolas d'envahir la Turquie, et de lui fermer ainsi les portes de l'Arabie, et par conséquent celles du Commerce des Indes ! — Ne doit-on pas vraiment craindre que l'arrière-pensée de l'Angleterre, après la destruction de la flotte russe, ne soit pas aussi la destruction de la flotte française, et que pour arriver à ses fins, elle ne forme encore une seconde Sainte-Alliance avec les autres nations européennes, sous prétexte d'extirper de France, le principe démocratique (ce cauchemar des souverains despotes) qui envers et contre tous, germe et grandit toujours dans ce Pays, et aussi afin d'ôter à Napoléon III les moyens de réaliser le grand projet de Napoléon Ier, qui voulait, nous le répétons, faire de Marseille l'entrepôt du Commerce du monde.

Un mot encore :

Si, pour conserver sa puissance maritime et commerciale, l'Angleterre, sous Napoléon Ier, déchaîna toute l'Europe contre la France, sous prétexte que cette nation républicaine voulait tout envahir ;

Si aujourd'hui, sous un autre prétexte, l'Angleterre cherche à entraîner toutes les nations contre l'Empereur de Russie qui, comme Napoléon Ier, veut ouvrir une voie plus courte et plus sûre au commerce des Indes ;

Si, en face de la paix générale ; si en face de l'accroissement considérable des forces maritimes de la France, et surtout de sa position géographique, la puissance et la prospérité britanniques doivent bientôt forcément s'affaiblir pour ensuite disparaître complètement ; qui pourrait répondre que d'après son passé, l'Angleterre, de concert avec les souverains despotes de l'Europe, ne trouveront pas, dans un moment donné, que la France est un foyer de démocratie, qu'il faut, dans l'intérêt des rois, éteindre au plus vite ;

Que les Français en sommeil doivent bientôt se réveiller au cri de la république universelle et renverser, avec ce drapeau, les souverains despotes les mieux ancrés sur leurs trônes ! qui dit que le mot République, qui signifie Union et bien-être des peuples, Vérité, Justice, Humanité, habilement défiguré, afin de mieux tromper les peuples non éclairés, ne sera pas l'arme à deux tranchants offerte par l'Angleterre, à la tyrannie des rois et des empereurs, et à l'ignorance sauvage des peuples non encore civilisés !

Qui sait si, en vue de détruire le principe démocratique républicain, ainsi que le principe Napoléonien afin d'y substituer le *droit divin*, une alliance tacite n'est déjà pas conclue !

Qui oserait jurer que la réunion à Rome de tous les évêques catholiques, les soutiens du Despotisme, n'a point pour but une restauration, au profit et au nom de Henri V, appuyée par les baïonnettes étrangères !

Qui pourrait affirmer que ces levées extraordinaires d'hommes en Prusse et en Autriche, n'ont pas un tout autre but que celui de combattre la Russie.

Qui ne craindrait pas, qu'à un moment donné, les armées Russes, Prussiennes et Autrichiennes ne viennent prendre position sur les bords du Rhin !

Qui pourrait répondre qu'à l'exemple de ce fleuve impétueux, roulant ses flots mugissants, ces cohortes de soldats esclaves ne déployeront pas leurs colonnes innombrables sur la France !

Qui pourrait assurer que la France noble et valeureuse comme toujours, mais accablée par le grand nombre, ne succombera pas dans une lutte inégale et désespérée ; le cas échéant, je laisse à penser quel sera alors le sort de la France.

P. VÉRET.

Roye, le 2 février 1854.

Amiens. — Imp. Oscar Sorel.

OUVRAGES DU MÊME AUTEUR

Adressés également en **1852** et **1853** aux **Représentants** de la France.

Plus de disette en France. — Moyens infaillibles de faire tout fleurir et prospérer, en évitant au pays une perte sèche de 150 à 200 millions sur les céréales tous les cinq à six ans.

Réponse à M. Delamarre, ou la condamnation du Crédit foncier.

Question matérielle. — Explication des causes qui ont fait augmenter de valeur le sol de la France depuis 1789.

De la conservation indéfinie des grains et de liquides sans manutention, détérioration et déchet.

Question morale. — Explication des **plaies sociales.**

Les Concours agricoles et leurs effets.

Le Progrès agricole et ses effets.

Question du Despotisme, de la Monarchie, et de la République.

Les Défrichements par l'armée des terres incultes de France (soit onze millions d'hectares).

La France régénérée par la transformation des Impôts, dotant le Pays de moyens d'action d'une **puissance** inconnue jusqu'alors.

Le véritable Crédit agricole.

Question matérielle de la Propriété.

Question financière.

Question judiciaire. La Justice gratuite et égalitaire.

SOUS PRESSE :

Ce que Napoléon III a fait pour tout perdre. — Ce qu'il aurait dû faire pour tout sauver.

Question religieuse, les Paroles d'un Croyant, le Catholicisme, le Protestantisme, la Liberté de Conscience, les libres Penseurs.

Prospérité ou Décadence d'une Nation.

Amiens. — Typographie Oscar SOREL.